AF229393

LES

PRINCIPES

I.

La France et une grande partie de l'Europe sont en proie à une maladie qui a sa source première dans l'abandon des principes qui maintiennent les sociétés dans leur état normal et les Gouvernements dans le droit chemin.

On disait depuis quelques années que les traités solennellement signés ne lient plus les diverses puissances que dans leurs rapports entre elles: le droit, la justice, les convenances mêmes sont mises de côté. Dans chaque pays les individus montrent dans leurs rapports entre eux le même cynisme. L'esprit de parti a tué la morale, la Révolution a anéanti le droit. Le bien et le mal ne se jugent plus d'après la conscience , mais d'après l'intérêt politique.

Aussi que voyons - nous ? L'athéisme religieux, le manque de foi politique, le scepticisme moral. A qui la faute ? Au Gouvernement d'abord, à l'indifférence et à la lâcheté des citoyens ensuite.

Lorsque en 1792, la France renversa Louis XVI , les souverains de l'Europe maintinrent avec raison le principe de la légitimité et ne reconnurent pas le droit au peuple français de détrôner leur roi.

Ils luttèrent douze années pour défendre la cause des Bourbons, qui était leur propre cause, et quand enfin vaincus par la force des armes et la résistance du peuple français , ils furent contraints (l'Angleterre exceptée) de reconnaître la nouvelle dynastie de Napoléon Ier ; ils comprirent que cette reconnaissance venant après tant d'efforts infructueux, tant d'événements extraordinaires , ne pouvait être l'abandon d'un principe , mais la sanction d'un de ces grands faits historiques qui se manifestent à des intervalles de plusieurs siècles , comme l'avènement des Carlovingiens remplaçant les Mérovingiens, comme les Capétiens remplaçant ces derniers, comme la Maison de Hanovre remplaçant celle des Stuarts.

II.

Une exception basée sur des événements aussi extraordinaires que ceux qui ont illustré la fin du dix-huitième siècle et le commencement du dix-neuvième ne pouvait point faire règle, ni fournir d'exemple dangereux. Aussi la dynastie des Napoléons une fois reconnue et admise dans la famille des souverains pendant dix ans, il fallait la maintenir ; car en la renversant en 1814 et en 1815, non seulement on rouvrait l'ère des révolutions, mais on abattait, au lieu de le relever, le caractère royal. C'était dire au peuple que la royauté était une fonction comme une autre, dont on pouvait être privé sans ménagement, et que l'homme devant lequel on s'était incliné si longtemps, l'homme qui était l'oint du Seigneur pouvait être destitué comme un simple mortel.

L'histoire de la décadence chez les divers peuples ne rappelait-elle pas aux souverains que c'est par l'abandon des principes que toute société peut succomber au milieu des luttes et des révolutions ?

Lorsque l'Europe coalisée détrôna Napoléon Ier, elle prépara donc de nouveaux dangers pour l'avenir et porta un coup fatal aux droits reconnus : aussi le châtiment ne se fit point attendre, et 1830 vint renverser l'édifice que les souverains avaient établi en 1815.

Émus de l'exemple qu'ils avaient sous les yeux, ces mêmes souverains changèrent tout-à-coup de conduite, et tous, hors l'Empereur Nicolas, se décidèrent à reconnaître dans l'avenir tout gouvernement de fait, quelque fut son origine, son droit, sa moralité.

III.

Nous ne prétendons pas que pour maintenir le principe d'autorité, l'Europe eût dû faire encore la guerre à la France pour la forcer à conserver la légitimité, mais elle aurait dû montrer plus de pudeur, et au lieu de se jeter dans les bras d'un gouvernement issu d'une insurrection, et qui n'avait même pas pour lui le droit populaire de l'élection, elle aurait dû attendre, pour reconnaître le gouvernement de Louis-Philippe, que celui-ci ayant acquis une certaine durée, eût pu être considéré comme ayant reçu tacitement l'acquiescement du peuple français. Car si on admettait ce principe de révolution, la logique exigeait que le nouveau gouvernement reçût son autorité de ce même peuple, ayant seul qualité pour conférer d'une manière légale les droits d'autorité suprême. En dehors de ces droits, il ne pouvait y avoir qu'usurpation.

Mais c'est surtout après le 4 septembre que les Cours de l'Europe ont montré une défaillance et un cynisme révoltant ; elles ont non seulement abdiqué leurs principes, mais elles ont oublié leurs devoirs envers la civilisation et amené les excès de cette démagogie qui tend à s'étendre sur tous les pays du monde.

C'est en laissant fouler aux pieds les droits d'un allié fidèle, c'est en sacrifiant les traités gagnés au prix du meilleur de son sang, que l'Angleterre, ce même pays qui fut l'âme de la coalition européenne pour un principe, a systématiquement laissé échapper les occasions de revendiquer son influence, et de soutenir le droit. Du reste, les autres grandes puissances ont suivi cette politique d'égoïsme si dangereuse, si pleine d'écueil pour l'avenir.

IV.

Il y avait en France au 4 septembre un Gouvernement issu, non d'une insurrection, mais de la libre volonté de la nation ; dans quatre circonstances solennelles le peuple français avait exprimé cette volonté suprême ; toutes les puissances de l'Europe avaient non seulement reconnu ce gouvernement, mais elles s'étaient montré heureuses de conserver les relations intimes qu'il avait entretenues avec elles.

Il est incontestable que l'influence et le prestige de Napoléon III pesèrent d'un poids énorme dans les affaires politiques de l'Europe, et que la voix de ce monarque, lorsqu'elle se fit entendre, trancha les plus importantes questions, sans cependant altérer les bons rapports de la France avec les divers États. Dans tous les actes de l'Empereur, on pouvait certainement distinguer une ambition ardente et sincère pour la prospérité, pour la grandeur de son pays ; mais ce patriotisme bien compris n'excluait pas le sens de justice et de droit envers les autres peuples.

Lorsqu'il fut l'arbitre de leurs destinées, il se montra grand et généreux ; lorsqu'il fut leur amis, il prit leurs intérêts à cœur comme ceux de ses propres sujets.

C'est ainsi qu'il assura à la France vingt années d'une prospérité qu'elle n'avait atteint à aucune autre époque et qu'il la plaça de nouveau à ce premier rang parmi les nations, qui avait été abdiqné par le gouvernement de Louis-Philippe et perdu sous les essais de République.

Il y avait trois ans à peine que presque tous les souverains étaient venus à Paris saluer le chef de la nation. Ce fut une fête splendide, un hommage solennel rendu a la puissance de l'héritier de Napoléon Ier, une consécration des droits de sa dynastie, et lorsqu'une poignée de factieux, enhardis par la trahison des principaux chefs militaires, renversa ce gouvernement qui était bien plus occupé de la défense du pays que de sa propre existence, on assista à un spectacle extraordinaire et douloureux.

On vit toutes les puissances de l'Europe conserver à Paris les mêmes ambassadeurs et les mêmes ministres, et prodiguer d'un jour à l'autre aux insurgés les protestations d'amitié qu'ils donnaient la veille au gouvernement légitime.

Elles sanctionnaient ainsi moralement les actes illégaux de chefs de parti arrivés au pouvoir de par surprise et grâce à la défection du général Trochu et d'une minorité de la Chambre.

Elles assistaient froidement à la désorganisation de l'administration française et à cette propagande subversive qui devait forcément amener la guerre civile dans toute sa barbarie, et la destruction des monuments de la capitale des arts et de la civilisation.

V.

On vit le Cabinet anglais, répudiant tous les souvenirs d'une alliance intime, donner l'ordre à son représentant de ne point accompagner l'Impératrice régente si elle portait le siége du gouvernement hors de Paris (1), et cependant, ce même cabinet, quelques semaines plus tard, enjoignait à son ambassadeur de suivre servilement à Tours, MM. Gambetta, Crémieux et compagnie.

Nous ne chercherons pas à approfondir ici quels purent être es motifs qui influencèrent le gouvernement anglais et qui le portèrent à commettre un acte inqualifiable envers son allié le plus fidèle et le plus aimé de la nation britannique; mais il est certain que cette politique servit puissamment les projets de la Prusse, qui trouva dans l'anarchie gouvernementale inaugurée en France par les hommes du 4 septembre, une alliance formidable dont elle recueillit les fruits. Il n'est que trop prouvé aujourd'hui que la révolution nous perdit et que le régime impérial aurait maintenu l'ordre, créé une résistance sérieuse et rendu impossible des événements qui effacèrent par leurs désastreux résultats tous les premiers revers de la campagne et qui plongèrent la France dans l'abîme où elle se débatît, abandonnée à elle-même, et privée de ce chef suprême, qui seul pouvait la sauver de l'anarchie.

Comment veut-on que les simples citoyens maintiennent intacte

(1) Dans le cas où Sa Majesté l'Impératrice déciderait de se retirer de Paris, en vue de maintenir le gouvernement impérial, même avec l'ombre d'un pouvoir, vous n'accompagnerez dans aucune circonstance Sa Majesté; mais vous ferez tout ce qui est en votre pouvoir pour contribuer à sa sûreté et *confort*, si toutefois vous êtes appelé à donner vos conseils ou votre appui.   Signé GRANVILLE.

Dépêche de Lord Granville à Lord Lyons, à Paris,

. 5 septembre 1870.   (*Blue book* n° 71.)

la religion du devoir, quand les puissances de l'Europe les foulent aux pieds et traitent de la même manière, en employant les mêmes expressions et les mêmes intermédiaires, les représentants légitimes d'un pouvoir incontesté et les représentants improvisés des insurrections de carrefour ?

VI.

Les souverains, en montrant que le succès justifie tout, ont appris aux peuples à accepter les mêmes principes dissolvants. Le 4 septembre, les députés qui ont prêté serment à Napoléon III s'emparent de l'Hôtel-de-ville et, en face de l'ennemi qui s'avance, renversent toutes les autorités existantes ; ils se nomment eux-mêmes membres du gouvernement qu'ils improvisent ; le général nommé par l'Empereur gouverneur de Paris, devient président du gouvernement de la défense nationale, et le pays suit l'exemple des gouvernements étrangers ; il ne demande pas compte à ces usurpateurs de quel droit ils vont commander à la nation. On se soumet, on obéit, tout contrôle est mis de côté. Plus d'assemblée librement élue. Plus de Conseil d'état, plus de Cour des comptes, plus de conseils généraux. Les trésors du pays sont gaspillés, le sang répandu en pure perte. On donne à des généraux improvisés tels que MM. Kératry, Estancelin, etc., l'organisation des armées à forfait ; voici tant de millions, leur dit-on, levez, habillez, équipez une armée comme vous le pourrez. L'état était sans garantie, aussi les armées restèrent sans solde , sans nourriture, sans armes. Tous les hommes tarés furent placés dans l'armée ou dans les fonctions publiques.

Les assassins des pompiers de la Villette, condamnés à mort furent mis en liberté, placés dans la garde nationale. Le meurtrier Mégy, retiré du bagne de Toulon, reçut le commandement d'un bataillon ; des repris de justice, au nombre de 20,000, furent enrôlés dans la garde nationale. Tous les officiers qui avaient été chassés de leurs corps furent replacés dans les rangs de l'armée. C'est ainsi qu'on apprend à un pays que la révolution vous relève de toutes les infamies, et que pourvu qu'on se dise républicain, on a pu être voleur, assassin, traître, on est considéré comme un honnête homme.

Les magnifiques ressources dont la France dispose furent gaspillées par les ambitieux et les incapables, des décrets multipliés sans cesse et des plans insensés furent lancés sur les lignes télégraphiques, la nation haletante plongée dans des illusions funestes et nos braves volontaires laissés sans armes et sans équipements devant la mitraille ennemie qui décimait leurs rangs.

Les tribuns spéculèrent effrontément sur le patriotisme des Français, ils ne craignirent pas de rappeler les grandes époques de nos gloires militaires, ils prétendirent personnifier les héros d'autrefois, mais tous leurs actes furent empeints d'un accent d'égoïsme et de préoccupation personnelle, et leurs vulgaires esprits s'égarèrent sous l'influence des grandeurs.

VII.

Quelle preuve plus flagrante du relàchement des mœurs politiques que l'indifférence montrée à l'égard de la trahison du général Trochu? Voilà un militaire qui a prêté serment à l'Empereur, qui reçoit de lui dans un moment suprême la plus grande marque de confiance. Il est nommé commandant supérieur de toutes les forces réunies dans la capitale, il doit veiller sur les jours de l'Impératrice, et cet homme qui, le 4 au matin, promet à la régente qu'on passera sur son corps avant d'arriver jusqu'à elle, laisse envahir le Corps législatif et les Tuileries, et quelques heures sont à peine écoulées depuis sa solennelle protestation, qu'il usurpe le pouvoir et se déclare président du gouvernement de la Défense nationale.

Jamais trahison plus noire, plus flagrante, plus impardonnable a été consommée, car elle s'est produite vis-à-vis d'une femme et en présence de l'invasion étrangère, et cet homme qu'il faut appeler traître, parce que c'est son nom, semble jouir malgré cela de l'estime générale. Il est nommé dans plusieurs départements à l'Assemblée nationale par des électeurs ignorants. On ne rougit pas de lui donner la main et on le nomme président de commissions qui doivent statuer sur des points d'honneur.

Ce fait ne montre-t-il pas jusqu'à l'évidence que nous avons perdu le sens moral? Quel contraste avec ce qui se passait au seizième siècle !

Lorsque le connétable de Bourbon, qui avait trahi François Ier, vint en Espagne, Charles V obligea un des seigneurs de la cour, le marquis de Villena, de loger le connétable. Le marquis obéit, mais lorsque son hôte se fut éloigné, il brûla son propre palais, déclarant qu'il ne voulait pas conserver une maison qui avait abrité un traître..... Nous doutons fort que le propriétaire de la maison qu'habite le général Trochu imite cet exemple chevaleresque.

VIII.

Nous devons aux hommes du 4 septembre l'extinction du sens moral ; en assumant le pouvoir dont ils s'étaient emparés dans un de ces moments suprêmes où l'intérêt du pays devait tenir les Français plus unis que jamais devant l'invasion , et lorsque nous avions le plus besoin de conserver le gouvernement établi, le rouage administratif, ils levèrent à leur profit l'étendard de la révolte, pervertirent la société , et préparèrent une série de désastres sans parallèle dans les annales de la France.

C'était ainsi qu'en assumant le titre trompeur de Gouvernement de la Défense nationale, ils agitèrent les esprits, ils endormirent les instincts du droit et surprirent la bonne foi de la nation. Leur programme était brillant, il s'inspirait les souvenirs glorieux de la Convention, du Consulat et de l'Empire ; la gloire, si chère au pays, miroita à l'horizon, et la France entière oublia ses devoirs envers son Souverain pour se soumettre aux usurpateurs qui lui promettaient de chasser l'étranger et de venger les premières défaites dans le sang de l'envahisseur.

Mais l'oligarchie fatale n'ignorait pas son impuissance, elle gaspillait les trésors ; elle répandait le sang à profusion, dans ce seul but de satisfaire les ambitions présomptueuses et de se cramponner au pouvoir sur les ruines de la France.

Ses défaites, en guerre comme en politique, ne manquèrent pas de plonger la nation dans un état de torpeur et d'indifférence qui devait tout lui faire supporter ; car après l'avoir illusionnée, lui avoir montré un avenir de gloire et de prospérité, les tribuns purent impunément l'amoindrir , la souiller , lui faire subir toutes les afflictions.

Le scepticisme, en religion comme en politique, avait gagné du terrain, et sous le poids des malheurs de la patrie et des infortunes privées, le peuple se trouva égaré, démoralisé et prêt à mettre en pratique les théories prêchées dans le seul but de renverser le gouvernement établi ; de là aux excès de la Commune il n'y avait qu'un pas, qui devait être inévitablement franchi.

IX.

Dans les grandes comme dans les petites choses , les hommes du 4 septembre ont ignoré tous les vrais principes : on peut en voir un exemple dans ce fait d'avoir remplacé le nom de la rue qui s'appelait le Dix Décembre par celui du Quatre Septembre ; car la première appellation rappelait l'exercice régulier , légitime, du suffrage universel , l'élection de Louis Napoléon à la présidence de la république en 1848 , malgré l'opposition du gouvernement d'alors , fut l'acte le plus libre de la Souveraineté nationale , tandis que le 4 septembre rappelle la violation la plus flagrante de la légalité et de la justice.

On avait souvent proposé à Napoléon III de rappeler par un monument le souvenir du 2 décembre, malgré que le coup d'État eut été légitimé par près de huit millons de suffrages, l'Empereur se refusa toujours à célébrer une action qui, quoique nécessaire à ses yeux, n'était pas moins la violation du droit. Les Républicains n'ont pas été aussi scrupuleux, aussi tout ce qui se passe aujourd'hui pèche par la base , on ne distingue plus ce qui est bien de ce qui est mal, on cherche vainement où est le droit et ceux qui défendent la société sont aussi coupables que ceux qui l'attaquent.

X.

Après la révolution du 4 septembre , le devoir de tout homme consciencieux était tracé par les précédents de nos troubles politiques. Depuis la constitution de 1793 tous les changement opérés par un mouvement populaire ont été légitimés par un verdict de la nation , mais le gouvernement du 4 septembre a cru pouvoir s'affranchir de cette obligation.

Les chefs de l'Emeute inaugurèrent leur entrée au pouvoir en remplaçant tous les principes de la légalité , par des actes arbitraires, en déchaînant toutes les haines, toutes les passions de la populace contre le gouvernement qu'ils venaient de renverser , en dénaturant la vérité des faits et en faisant tourner au profit de leur ambition personnelle , les malheurs , les revers qui venaient de frapper si rapidement le pays.

Chasser l'envahisseur fut le mot d'ordre avec lequel on trompa le peuple, le prétexte pour commettre tous les excès, tandis que les préoccupations réelles des nouveaux membres du gouvernement tendaient seulement vers la réalisation de leurs projets.

Pendant que les armées du roi de Prusse marchaient sur Paris, que la France affolée se tordait sous l'étreinte du vainqueur, les chefs républicains organisaient une inquisition puérile pour censurer les actes de la vie privée des membres du gouvernement de l'Empereur, ils se montraient bien plus préoccupés de faire des changements dans les hautes fonctions civiles, dans la magistrature, de s'entourer exclusivement de leurs complices et partisans, qu'ils eussent ou non les qualités requises, que de songer au moyen de délivrer le pays de l'invasion allemande.

Des énormités furent commises; ne sait-on pas aujourd'hui que le ministre des affaires étrangères d'alors, supprima des documents qui prouvaient que l'Empire allait avoir des alliances, et que l'intégrité du territoire français serait protégée par plusieurs des grandes puissances? mais le chef principal du gouvernement de l'Emeute ne recula pas devant un crime sans parrallèle dans l'histoire, il sacrifia la nation à la cause de la minorité républicaine.

Les événements avaient marché avec une rapidité qui avait donné le vertige, les populations avaient perdu toute leur énergie, toute leur initiative; les dictateurs avaient décrété la victoire et promis de purger nos provinces de la présence de l'étranger.

Ce fut encore le prétexte de la défense nationale qui fut mis en avant pour éviter un appel au peuple et les hommes du 4 septembre préférèrent se maintenir dans l'illégalité, que d'affronter le vote des électeurs.

Aussi la France fut de plus en plus isolée, et l'ennemi profita de l'anarchie pour continuer la guerre avec un pays qui n'avait pas de Gouvernement régulier, avec lequel il ne pouvait traiter et qui levait le drapeau de la démagogie. La Prusse influença la diplomatie Européenne qui se tint à l'écart, et on devait s'y attendre ; comment admettre, en effet, que les divers souverains pussent venir au secours d'un gouvernement dont le programme était le renversement de toutes les monarchies ?

XI.

Nous ne rappellerons pas ici les nombreux exemples d'incapacité et d'ambition personnelles qui nous furent si fatals, les promesses de victoire, tant de fois réitérées, et qui vinrent aboutir à de si honteux désastres. On fut obligé de faire la paix et forcé par conséquent de convoquer une Assemblée nationale.

Cette assemblée fut élue dans des circonstances exceptionnelles, et quoique M. Thiers ait avancé que jamais élection n'avait été aussi libre, tous ceux qui ont vu de près, dans les départements ce qui s'est passé, savent à quoi s'en tenir.

Jamais intimidation n'a été exercée avec moins de scrupule, et le décret de M. Gambetta, qui excluait de l'éligibilité tous les anciens fonctionnaires et députés de l'Empire, a eu tout son effet, parcequ'il n'a été rapporté qu'au dernier moment. Les éligibles n'eurent plus le temps de se présenter , et la plupart des électeurs ignorèrent le rappel de ce décret d'ostracisme

Il est évident pour tout le monde que l'Assemblée , nommée avec la mission expresse de faire la .paix , n'avait pas d'autre mandat à remplir , et quand M. Thiers a déclaré qu'elle était souveraine , il a commis une usurpation.

L'assemblée nommée dans un moment suprême , n'a reçu qu'un mandat , celui de faire cesser une effusion de sang inutile. Ce mandat accompli , elle devait se retirer , elle n'avait aucun droit de mettre sa volonté à la place de celle du peuple. Aussi, lorsque dans un moment de surprise , sans oser aller aux voix , elle a prononcé la déchéance de Napoléon III, elle a commis une nouvelle usurpation ; sa décision est un acte nul et sans valeur.

Que dire des ministres , des députés , des généraux de l'Empire qui , présents à cette séance , n'ont pas protesté !

Les désastres que nos armées ont subis dans les dernières campagnes sont immenses ; mais, nos défaites morales sont encore plus grandes que nos défaites matérielles. Nous avons perdu non-seulement des batailles, des places fortes, des provinces, mais nous avons perdu le prestige et l'estime dont nous jouissions en Europe.

XII.

Pour une nation comme pour un individu, le malheur n'avilit pas, quand il est bien supporté ! Or, nous n'avons montré, dans nos revers, aucune de ces vertus chevaleresques qui relèvent les caractères et attirent pour les vaincus le respect et la considération. Quoique les armées se soient vaillamment battues, on n'a vu nulle part le respect du serment, la fidélité à un souverain malheureux, l'observation de la discipline, l'union parmi ceux qui subissaient le même sort.

Un grand nombre d'officiers, oubliant trop promptement celui à qui ils devaient leurs grades et leurs honneurs, se sont empressés de flatter les nouvelles autorités ; mettant de côté toute hiérarchie militaire, ils ont récriminé contre leurs chefs ; ils ont fait retentir la presse de leurs déclamations intéressées. Quelques-uns ont malheureusement manqué à leur parole en s'échappant, et d'autres enfin se sont faits démagogues dans l'espoir d'avancer plus vite.

Le trouble qui existait dans la société s'est reproduit naturellement dans l'armée, et dès que le faisceau a été rompu, il n'est plus resté qu'anarchie, ambition personnelle, oubli de tout devoir.

Ni les Prussiens après Iéna, ni les Russes après la Moscowa, ni les Italiens après Novare, ni les Autrichiens après Königsgratz n'ont montré le spectacle affligeant que nous avons offert au monde.

C'est à regret que nous rappelons tous ces faits ; mais il faut bien que la vérité se fasse entendre, et le seul moyen de rétablir l'ordre moral et matériel dans notre malheureux pays, c'est de proclamer hautement ces grands principes de moralité, de droit et de justice, sans lesquels la société ne saurait vivre.

L'ordre ne peut être rétabli que si le pouvoir s'appuie sur le droit ; or, le droit dans notre pays réside dans l'universalité des citoyens. Il faut donc que la forme du Gouvernement soit décidée par un appel loyal fait à la nation tout entière.

L'élu du suffrage universel peut être seul le chef légitime de la nation et tous les partis devront s'incliner devant l'expression des vœux du pays.

La moralité et la justice ne seront rétablies que lorsque chacun sera traité suivant ses œuvres et qu'indépendamment de l'esprit de parti on appellera mal ce qui est mal, trahison ce qui est trahison, usurpation ce qui est contraire au droit, injustice ce qui blesse les principes de légalité, de morale et d'humanité.

Boulogne.—Imp. Camille LE ROY.

DISCOURS

PRONONCÉ

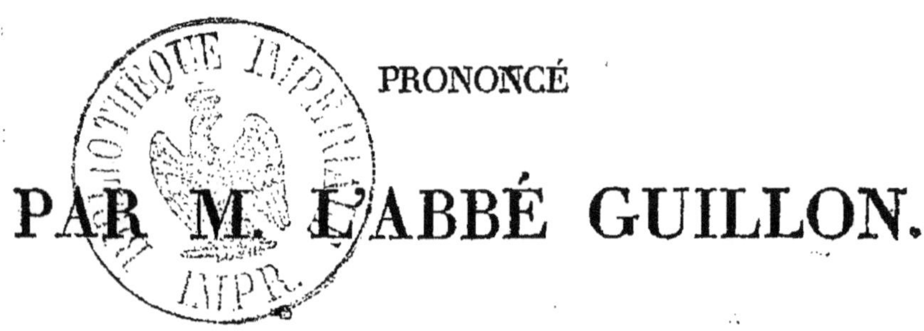

PAR M. L'ABBÉ GUILLON.